PUBLICATIONS DU PANTHÉON BIOGRAPHIQUE UNIVERSEL.

NOTICE BIOGRAPHIQUE

SUR

MONSEIGNEUR

VILLECOURT

ÉVÊQUE DE LA ROCHELLE.

EXTRAIT

DU PANTHÉON BIOGRAPHIQUE UNIVERSEL.

RÉDACTEUR EN CHEF :

E. PERRAUD DE THOURY.

DIRECTEUR GÉRANT :

ALBÉRIC DE BUSNES.

Prix : 1 fr 25 c.

PARIS.

AU BUREAU DU PANTHÉON BIOGRAPHIQUE UNIVERSEL,

13, RUE DE LAVAL.

1851.

$L\overset{27}{n}$ 20473

NOTICE BIOGRAPHIQUE

SUR

MONSEIGNEUR

VILLECOURT

ÉVÊQUE DE LA ROCHELLE.

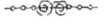

EXTRAIT
DU PANTHÉON BIOGRAPHIQUE UNIVERSEL.

RÉDACTEUR EN CHEF :

E. PERRAUD DE THOURY.

DIRECTEUR GÉRANT :

ALBÉRIC DE BUSNES.

PARIS.
AU BUREAU DU PANTHÉON BIOGRAPHIQUE UNIVERSEL,

13, RUE DE LAVAL.

—

1851.

SAINT-DENIS. — TYPOGRAPHIE DE PREVOT ET DROUARD.

Monseigneur VILLECOURT

(CLÉMENT),

ÉVÊQUE DE LA ROCHELLE.

Mgr Villecourt, le vénérable prélat dont nous entreprenons aujourd'hui de raconter la vie, naquit à Lyon le 9 octobre 1787, d'une famille aisée autant qu'honorable, et fut par elle confié, dès son bas âge, aux soins d'un pieux et respectable ecclésiastique, qui lui enseigna les premiers éléments de notre langue et lui donna aussi les premiers principes du latin. Dans ses moments de loisir, il préludait tout seul à quelques essais sténographiques de son invention, sans pouvoir se douter qu'il était appelé à perfectionner plus tard le système de Taylor.

Rentré à treize ans dans la maison paternelle, il fut bientôt après placé chez un avoué, qui le trouva bientôt capable de remplir toutes les fonctions de clerc dans son étude. Il quitta cette carrière à quinze ans pour reprendre le cours de ses études qu'il n'avait fait qu'ébaucher. — Sous des maîtres particuliers, les progrès du jeune Villecourt furent extrêmement rapides et devaient l'être, car à une facilité naturelle, il joignait un travail opiniâtre que la nuit même n'interrompait qu'en partie. — Outre les livres classiques, il dévorait littéralement tous les ouvrages qui lui tombaient sous la main, surtout ceux des anciens, pour lesquels il eut toujours un goût presque irrésistible. — Lorsque, deux ans plus tard, on l'eut placé au lycée de Lyon, il fit, en une année, sa troisième, sa seconde et un cours de mathématiques, bien qu'il se sentît peu de penchant pour cette dernière étude. — Le célèbre Lalande, qui présidait la distribution des prix, couronna trois fois le jeune Villecourt à la fin de l'année scolaire (1805). Il obtint le même succès l'année suivante à la fin de sa rhétorique, qu'il fit dans un petit séminaire dépendant du diocèse de Lyon. — La vocation de M. Villecourt pour l'état ecclésiastique était bien décidée, il en fit le but invariable de toutes ses études. Une année d'enseignement auquel il se livra avant son cours de théologie, acheva de lui rendre la langue latine si familière, qu'il l'a toujours depuis écrite et parlée purement comme sa langue maternelle. — De 1808 à 1811, il fit à Lyon son cours de théologie, sous la direction des *Sulpiciens*, qui le nommèrent maître des *Conférences* dès la troisième année de ce cours. Cette charge, on le sait, consiste à répéter et expliquer aux étudiants les leçons des professeurs de théologie. M. Villecourt se vit successivement appelé à tous les ordres ecclésiastiques à mesure que l'âge prescrit par les canons de l'Eglise le permettait. Les premiers essais de ses prédications donnèrent un grand encouragement à son zèle et firent augurer que ses travaux en ce genre ne seraient pas sans utilité pour l'Eglise. — Il prit pour guides et pour modèles dans l'art oratoire, Louis de Grenade et saint Augustin, qu'il lisait fort assidûment depuis plusieurs années. — Ordonné prêtre en 1811, aux Quatre-Temps de Noël, il remplit successivement les fonctions de vicaire à Saint-Chamond et à Roanne-en-Forez, deux petites villes appartenant au diocèse de Lyon. Nommé curé de Bagnols-en-Lyonnais dans le courant de 1815, il s'adonna tout entier et avec joie aux modestes travaux de la vie pastorale sans présager que la méthode claire, simple et onctueuse qu'il avait adoptée pour la chaire serait bientôt appréciée dans une grande ville. — Sans nous arrêter au séjour passager que fit M. Villecourt dans la paroisse de Saint-François-de-Sales, à Lyon, nous nous hâterons de dire qu'en 1818, demandé par les administrateurs des hospices de cette ville pour y occuper la place d'aumônier en chef de l'hôpital général, il s'y consacra tout entier à l'amélioration morale de cet établissement, ne faisant qu'un avec quatre autres ecclésiastiques qui partageaient ses travaux. Outre les différentes instructions qu'exigeait ce grand hospice composé de tant d'éléments divers, l'abbé Villecourt faisait tous les dimanches soir, dans la chapelle principale, des discours suivis sur l'Ancien et le Nouveau Testament. L'empressement que montrèrent constamment les fidèles de la ville à venir l'entendre pendant cinq ans, lui prouva combien ce nouveau genre d'instruction était goûté. L'Avent et le Carême étaient consacrés à des discours moraux. — Cependant, une question théologique qui occupait alors les esprits à Lyon, donna naissance au premier ouvrage qu'il fit paraître, sans nom d'auteur, en 1821, sous le titre de *Lettres à M. Faivre*. — M. Villecourt avait été engagé à ce travail par les pressantes sollicitations des ecclésiastiques les plus recommandables. Peu après, il donna la première édition des *Lettres*, jusque-là inédites, *de P. Roy*, plusieurs fois réimprimées depuis. — Dans le courant de 1823, Mgr de Cosnac, évêque de Meaux, obtint, à force de sollicitations, que le diocèse de Lyon lui cédât M. Villecourt, qui remplit dans ce nouveau diocèse les fonctions de chanoine théologal et de supérieur des prêtres auxiliaires. Bientôt, le titre de grand vicaire lui fut conféré, et il fut désigné comme successeur du vénérable M. Fery, en qualité de supérieur du grand séminaire. Les leçons de théologie, d'Ecriture sainte et d'éloquence sacrée qu'il y donna, remplirent tous ses instants. — En ce moment, les prédicateurs de retraites pastorales étaient en très-petit nombre. L'évêque de Meaux pressa l'abbé Villecourt d'embrasser cette carrière aussi importante que difficile. — Il s'y dévoua, et son début, à Meaux, fut tellement heureux, que M. de Quélen réclama de M. Villecourt le même service pour le clergé de Paris en 1829 ; — ce prélat le demanda et l'obtint encore en 1838. — L'abbé Villecourt a rempli le même ministère dans plusieurs diocèses de France et s'est toujours refusé, malgré les plus vives *sollicitations*, à livrer ses conférences à la publicité. — Mgr de Cosnac, nommé à l'archevêché de Sens peu de temps avant la révolution de juillet, voulut l'emmener avec lui; mais il ne put venir l'y rejoindre qu'au commencement de 1832. Il remplit, à Sens, la charge de vicaire général jusqu'en 1835, et comme il était supérieur de toutes les maisons religieuses du diocèse, il traduisit pour elles un choix de *Lettres spirituelles*, de saint Liguori, qu'il fit imprimer avec quelques opuscules, tels que l'*Abrégé de la doctrine chrétienne*, le discours de saint Cyprien sur *la mortalité*, qu'il traduisit à l'occasion du choléra, ainsi que l'*Assistance aux mourants*, de saint Liguori. Quelque temps après, il publia l'*Histoire des Carmélites de Compiègne conduites à l'échafaud le 15 juillet 1794*; il avait puisé ses documents dans le manuscrit de la sœur *Marie de l'Incarnation*, religieuse de Compiègne, qu'un voyage providentiel avait soustraite au même supplice.

Dès 1829, M. Frayssinous, qui avait assisté à la retraite donnée par l'abbé Villecourt au clergé de Paris, avait annoncé à Mgr de Cosnac que son grand vicaire serait promu à l'un des premiers siéges vacants; mais les événements de 1830 vinrent mettre momentanément obstacle aux desseins du ministre. Ce n'est que le 6 octobre 1835 que M. Villecourt fut nommé à l'évêché de La Rochelle. — Il fut préconisé à Rome le 1ᵉʳ février suivant, et consacré, dans la métropole de Sens, le 13 mars 1836. Il prit possession de son siége le 26 du même mois, c'est-à-dire dès le lendemain de son arrivée à La Rochelle. Trois semaines après, le nouveau prélat entreprit la visite de son diocèse et fut partout accueilli de la manière la plus flatteuse. — Dans le courant de la même année, Bordeaux perdit un de ses illustres archevêques. A peine le cardinal de Cheverus avait-il été revêtu de la pourpre, que le ciel, jaloux de posséder ce trésor de vertus et de pureté, l'avait enlevé à la terre, où il avait brillé par tant de qualités, et où il laissait de si amers et de si vifs regrets. — L'évêque de La Rochelle se rendit aux funérailles du vénérable prélat, et fut, au bout du mois, chargé de prononcer l'oraison funèbre de celui dont il était un des plus sincères admirateurs. — Il ne voulut jamais se décider, malgré les vives instances qui lui furent faites, à faire imprimer son discours que, dans sa modestie, il regardait comme inférieur au modèle qu'il s'était proposé de peindre. On n'avait pas mieux réussi à vaincre sa résistance pour l'oraison funèbre du duc de Berry, prononcée à Lyon en 1820. — M. Villecourt voulut donner lui-même, en 1836, la retraite à son clergé, et, depuis lors, outre les prédications de chaque jour qu'il fait durant tout le cours de ses visites pastorales, outre les discours qu'il prononce dans les grandes solennités, dans sa cathédrale ou dans les autres églises de son diocèse, il avait prêché, jusqu'en 1846, neuf stations de Carême, soit à La Rochelle, soit à Saintes (ancienne ville épiscopale), soit à Saint-Jean-d'Angely, ou enfin à Rochefort. Nous ne parlons pas ici des diverses retraites qu'il a données dans les séminaires, les hospices ou les communautés.

La position de M. Villecourt dans le diocèse de La Rochelle, au milieu des protestants et d'une armée de colporteurs, députés par les méthodistes pour semer à profusion des libelles injurieux contre le catholicisme, cette position, disons-nous, ne lui permettait pas de garder le silence sur les fondements de la foi orthodoxe ; mais afin que ses adversaires n'aient rien à lui reprocher dans ses réponses imprimées, il a pris l'habitude de les puiser dans les aveux de leurs propres docteurs, dont il a fait une étude toute spéciale. — Ses mandements sont tout à la fois des leçons de morale douce et sans amertume, et des preuves dogmatiques irrécusables qui font le tourment des gens intéressés à les combattre, mais qui sont forcés de s'incliner devant l'inflexible vérité dont le prélat s'est fait l'interprète. — Quelques ministres protestants ont publié contre ses écrits diverses brochures ; il a répondu à tout, soit dans ses lettres pastorales, soit dans le petit manuel de controverses, intitulé : — *Juste balance*, — soit dans ses deux répliques à M. Delmas. — Nous ne parlons pas ici de la publication qu'il a faite des écrits spirituels de Marie Eustelle, si intéressants pour la piété. On n'a pas oublié sa correspondance avec les docteurs Wosgt et Hurter, et le retour de ce dernier à la foi catholique.

Plusieurs savants se font un devoir de le consulter sur leurs écrits et de lui en faire agréer la dédicace. — M. Villecourt, qui avait fait, en 1821, le voyage de Rome, l'a renouvelé en 1843. — Grégoire XVI était charmé de pouvoir s'entretenir avec lui sans interprète, et lui donna la qualité de *Comte romain et d'assistant au trône pontifical*. Le saint pontife lui a depuis adressé un bref fort honorable à l'occasion de l'hommage que lui avait fait le prélat de la collection de ses mandements.

La découverte de l'antique tombeau de saint Eutrope, apôtre de la Saintonge, qui eut lieu dans la crypte qui lui est dédiée à Saintes, le 19 mai 1843, a donné occasion à Mgr Villecourt d'entreprendre des recherches et de se livrer à des travaux auxquels ont également applaudi la religion et la science. — La publication du recueil qui en a été le résultat et où figure un savant *Mémoire* de M. Letronne, est, sans contredit, un des événements les plus mémorables de notre siècle, aux yeux de l'archéologue, du théologien, du canoniste, de l'historien, de l'hagiologue et du numismate. — Il a donné lieu, dans la ville de Saintes, le 14 octobre 1845, à une cérémonie pompeuse, honorée par la présence de six prélats, de quatre cents ecclésiastiques et de plus de vingt mille étrangers. — En ce jour solennel, l'évêque de La Rochelle fit un discours analogue à la circonstance, dans l'ancienne cathédrale des Santons, il parla des vertus, du zèle et du martyre du saint apôtre, dont l'épiscopat avait précédé le sien de 1700 ans, dans ces contrées. — La vue des reliques sacrées, exposées aux regards, sous un baldaquin magnifique, les milliers d'assistants entassés dans l'ancienne cathédrale de Saint-Pierre et déjà électrisés par le chant des saints cantiques, — la musique militaire et la majesté d'un cortége dont il est impossible d'exprimer l'éclat, tout se réunissait pour donner à l'orateur l'accent le plus pénétrant et le plus solennel. — Le soir de ce beau jour, une illumination spontanée de toute la ville prolongea les douces émotions de cette fête unique dans son genre, où la religion trouvait un éclatant triomphe, l'âme une joie pure et sans remords, et le vertueux évêque, un adoucissement et une compensation bien méritée à toutes les fatigues et les peines de son laborieux épiscopat. — Il est l'auteur de l'ouvrage intitulé : *La France et le pape par un ancien vicaire général, dédié aux évêques de France* (1849). Les journaux religieux ont fait de cette production le plus pompeux éloge, et elle a excité l'intérêt de l'univers catholique. Il a aussi publié le *Nouveau récit de l'apparition de la Salette* qui a eu plusieurs éditions successives. Il est également l'auteur de l'*Introduction* qui a été placée à la tête de la *Défense des sept sacrements*, traduite par M. Pottier, licencié ès lettres, et de la traduction de la fameuse bulle *Auctorem fidei*, qui est à la fin du même livre.

Au concile de Bordeaux, tenu en 1850, l'évêque de La Rochelle a été nommé président de la rédaction des décrets, et chargé du discours de clôture.

Il n'a point été étranger à la nomination de

M. l'abbé Pallu-du-Duparc, supérieur de son grand séminaire, et qui vient d'être désigné pour remplir le siége de Blois, vacant par la mort de Mgr Des-Essards.

E. Perraud de Thoury.

Janvier 1850.

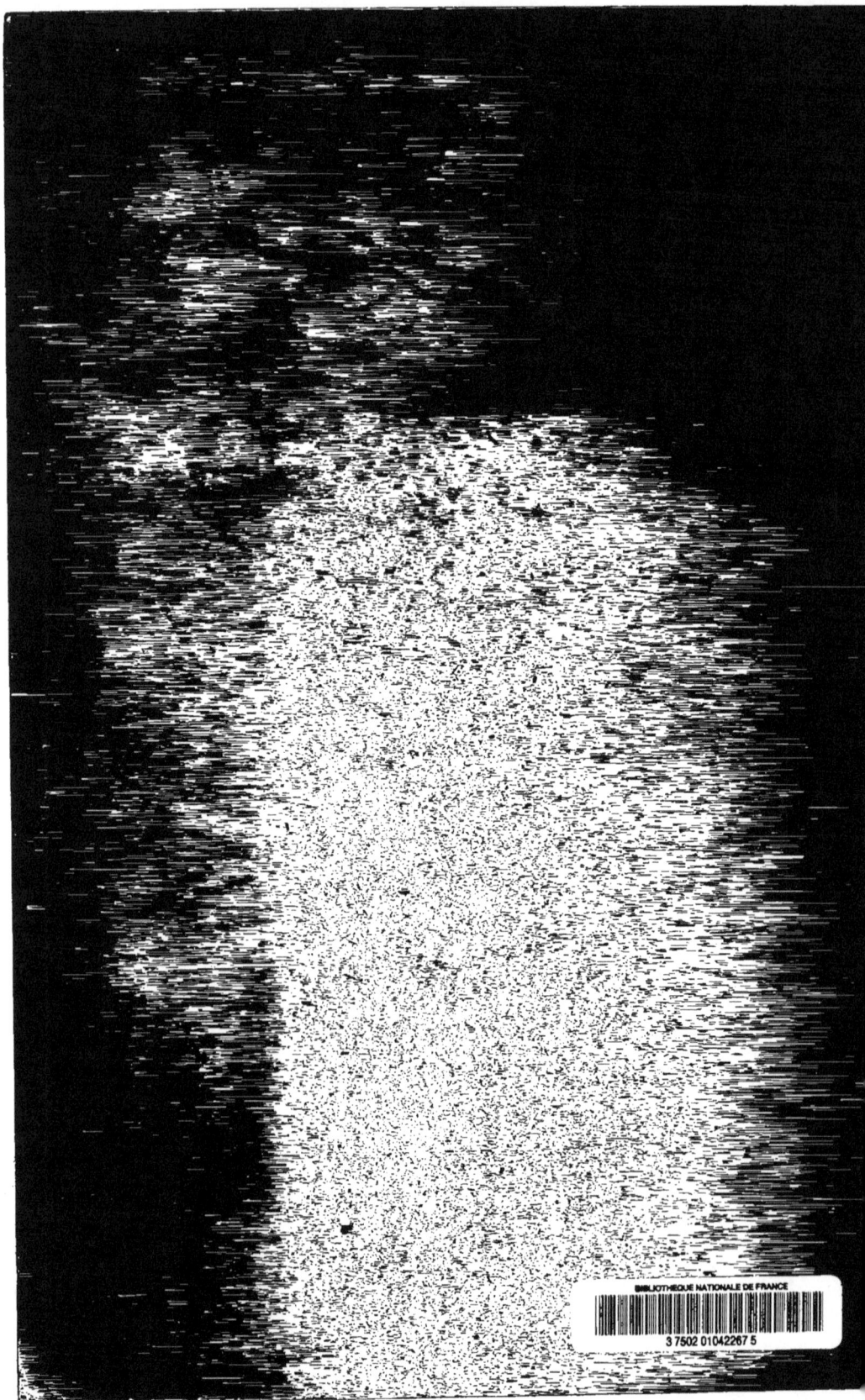

www.ingramcontent.com/pod-product-compliance
Lightning Source LLC
Chambersburg PA
CBHW060441050426
42451CB00014B/3198